Impressum
Verlag: BABADADA GmbH, Nedderfeld 112 , 22529 Hamburg
Geschäftsführer / Verlagsleitung: Harald Hof
Druck: Books on Demand GmbH, In de Tarpen 42, 22848 Norderstedt

Imprint
Publisher: BABADADA GmbH, Nedderfeld 112 , 22529 Hamburg, Germany
Managing Director / Publishing direction: Harald Hof
Print: Books on Demand GmbH, In de Tarpen 42, 22848 Norderstedt

koulu

skole

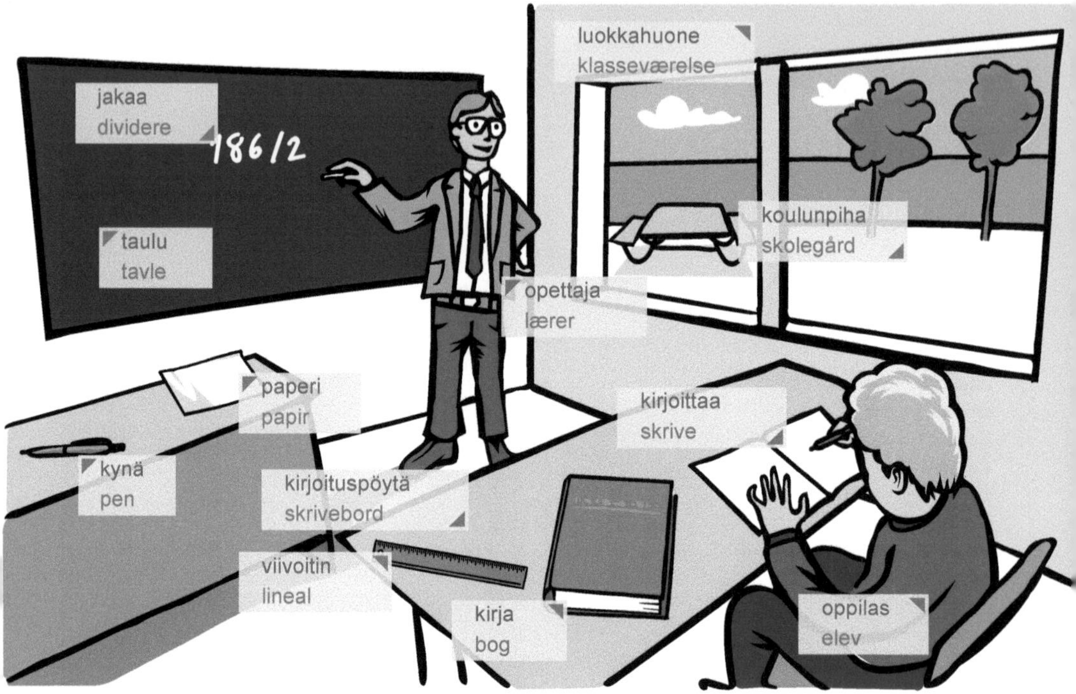
luokkahuone
klasseværelse
jakaa
dividere
186/2
taulu
tavle
koulunpiha
skolegård
opettaja
lærer
paperi
papir
kirjoittaa
skrive
kynä
pen
kirjoituspöytä
skrivebord
viivoitin
lineal
kirja
bog
oppilas
elev

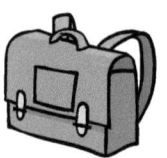

reppu

skoletaske

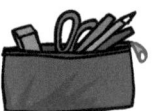

penaali

penalhus

lyijykynä

blyant

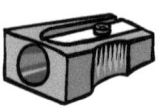

kynänteroitin

blyantspidser

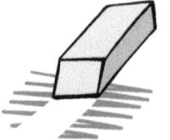

pyyhekumi

viskelæder

piirustuslehtiö

tegneblok

piirustus

tegning

pensseli

pensel

vesivärit

æske med vandfarver

sakset

saks

liima

lim

harjoituskirja

opgavehefte

kotitehtävä

lektie

12

luku

tal

2+2

lisätä

addere

5-2

vähentää

subtrahere

2×2

kertoa

multiplicere

laskea

regne

A

kirjain

bogstav

ABCDEFG
HIJKLMN
OPQRSTU
VWXYZ

aakkoset

alfabet

hello

sana

ord

teksti

tekst

lukea

læse

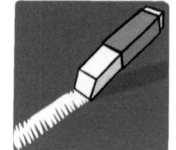

liitu

kridt

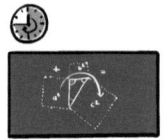

oppitunti

time

opettajan muistikirja

klasseprotokol

koe

eksamen

todistus

karakterbog

koulupuku

skoleuniform

koulutus

uddannelse

sanakirja

leksikon

yliopisto

universitet

mikroskooppi

mikroskop

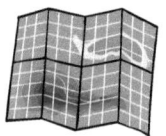

kartta

kort

roskakori

papirkurv

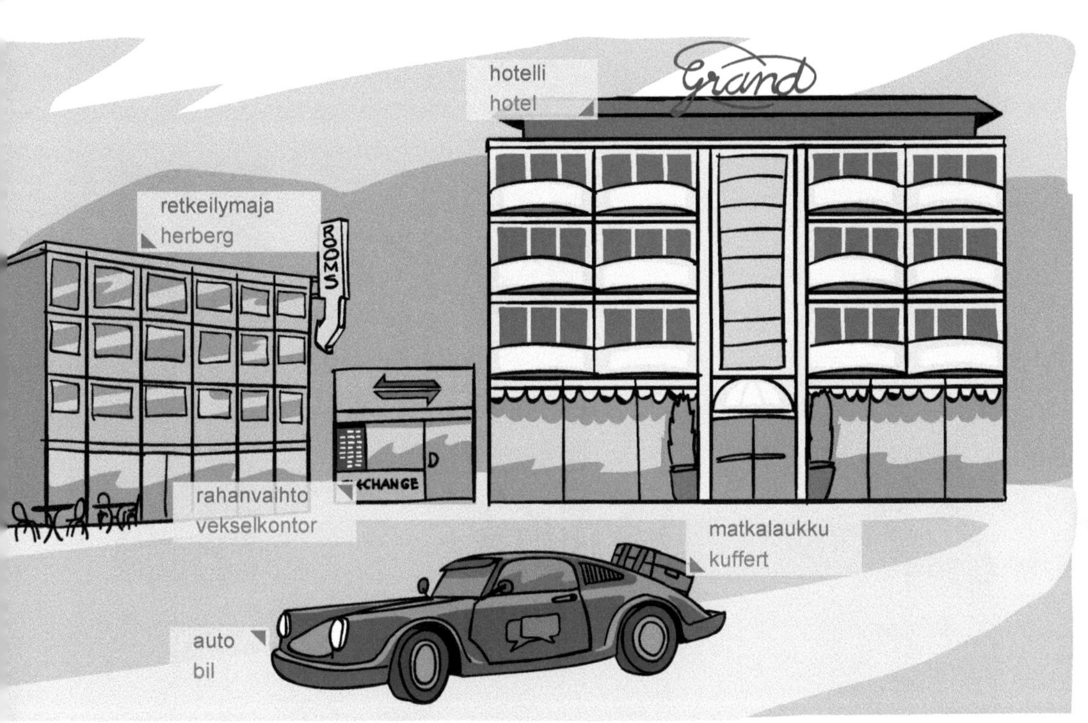
hotelli
hotel
Grand
retkeilymaja
herberg
ROOMS
EXCHANGE
rahanvaihto
vekselkontor
matkalaukku
kuffert
auto
bil

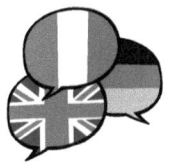

kieli

sprog

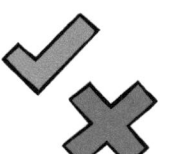

kyllä / ei

ja / nej

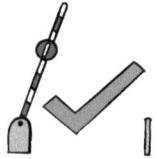

selvä

okay

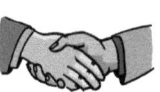

hei

hej

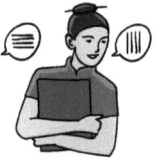

tulkki

oversætter

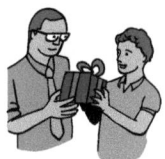

kiitos

tak

Paljonko...maksaa?

hvad koster...?

en ymmärrä

Jeg forstår ikke

ongelma

problem

Hyvää iltaa!

God aften!

Hyvää huomenta!

God morgen!

Hyvää yötä!

God nat!

näkemiin

farvel

suunta

retning

matkatavarat

bagage

laukku

taske

reppu

rygsæk

vieras

gæst

huone

værelse

makuupussi

sovepose

teltta

telt

turisti-info

turistinformation

ranta

strand

luottokortti

kreditkort

aamupala

morgenmad

lounas

middagsmad

päivällinen

aftensmad

matkalippu

billet

hissi

elevator

postimerkki

frimærke

raja

grænse

tulli

told

suurlähetystö

ambassade

viisumi

visum

passi

pas

kuljetus
transport

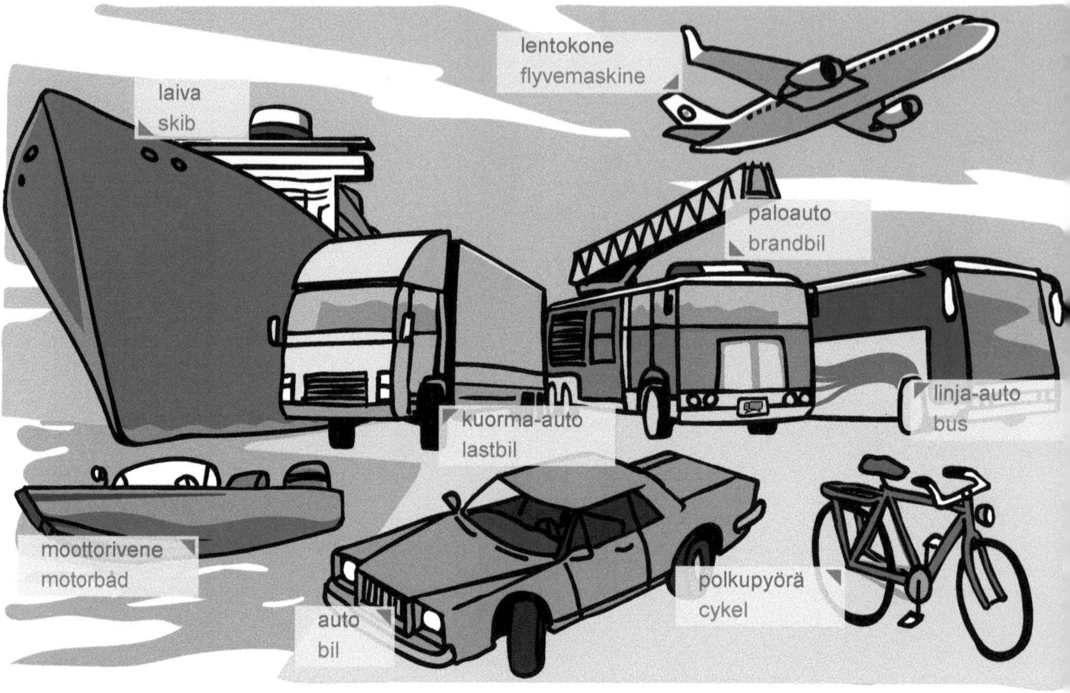

lentokone
flyvemaskine
laiva
skib
paloauto
brandbil
linja-auto
bus
kuorma-auto
lastbil
moottorivene
motorbåd
polkupyörä
cykel
auto
bil

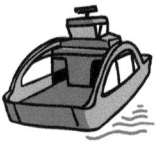

lautta
færge

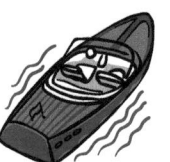

vene
båd

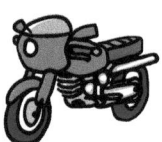

moottoripyörä
motorcykel

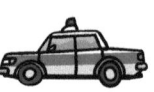

poliisiauto
politibil

kilpa-auto
racerbil

vuokra-auto
lejebil

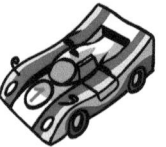

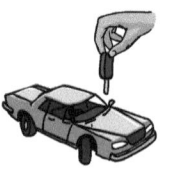

car sharing

samkørsel

hinausauto

kranbil

roska-auto

skraldebil

moottori

motor

polttoaine

benzin

huoltoasema

tankstation

liikennemerkki

trafikskilt

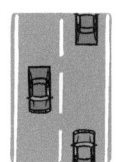

liikenne

trafik

ruuhka

trafikprop

parkkipaikka

parkeringsplads

rautatieasema

banegård

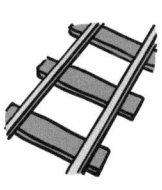

raiteet

skinner

juna

tog

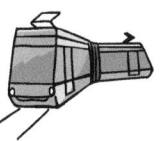

raitiovaunu

sporvogn

vaunu

wagon

helikopteri

helikopter

lentokenttä

lufthavn

lähilennonjohto

tårn

matkustaja

passager

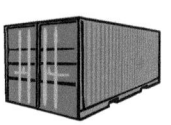

kontti

container

pahvilaatikko

karton

kärryt

kærre

kori

kurv

nousta / laskea

starte / lande

kaupunki
by

kylä

landsby

keskusta

bymidte

talo

hus

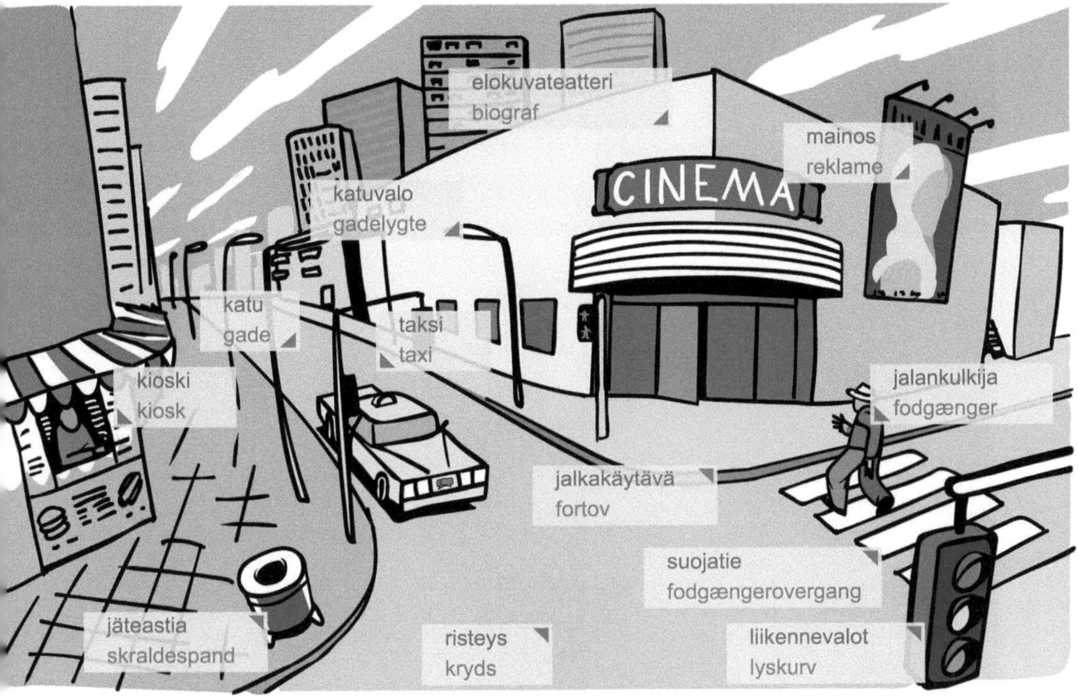

elokuvateatteri
biograf

mainos
reklame

katuvalo
gadelygte

CINEMA

katu
gade

taksi
taxi

jalankulkija
fodgænger

kioski
kiosk

jalkakäytävä
fortov

suojatie
fodgængerovergang

jäteastia
skraldespand

risteys
kryds

liikennevalot
lyskurv

mökki
hytte

kerrostalo
lejlighed

rautatieasema
banegård

kaupungintalo
rådhus

museo
museum

koulu
skole

kaupunki - by

yliopisto

universitet

pankki

bank

sairaala

sygehus

hotelli

hotel

apteekki

apotek

toimisto

kontor

kirjakauppa

boghandel

liike

butik

kukkakauppa

blomsterbutik

supermarketti

supermarked

tori

marked

tavaratalo

stormagasin

kalakauppias

fiskehandler

ostoskeskus

butikscenter

satama

havn

puisto

park

penkki

bænk

silta

bro

portaat

trappe

metro

undergrundsbane

tunneli

tunnel

linja-autopysäkki

busstoppested

baari

barnevogn

ravintola

restaurant

postilaatikko

postkasse

katukyltti

vejskilt

parkkimittari

parkometer

eläintarha

zoo

uimala

badeanstalt

moskeija

moske

maatila

bondegård

ympäristön saastuminen

miljøforurening

hautausmaa

kirkegård

kirkko

kirke

leikkikenttä

legeplads

temppeli

tempel

maisema
landskab

lehti
blad

tienviitta
vejviser

tie
vej

nlitty
eng

kivi
sten

retkeilijä
vandrer

puu
træ

joki
flod

ruoho
græs

kukka
blomst

laakso
dal

vuori
bjerg

järvi
sø

metsä
skov

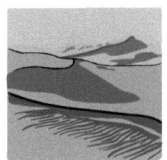

aavikko
ørken

tulivuori
vulkan

linna
slot

sateenkaari
regnbue

sieni
svamp

palmu
palme

hyttynen
moskito

kärpänen
flue

muurahainen
myre

mehiläinen
bi

hämähäkki
edderkop

kovakuoriainen

bille

sammakko

frø

orava

egern

siili

pindsvin

jänis

hare

pöllö

ugle

lintu

fugl

joutsen

svane

villisika

vildsvin

peura

hjort

hirvi

elg

pato

dæmning

tuulimylly

vindmølle

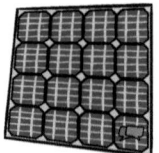

aurinkopaneeli

solcellemodul

ilmasto

klima

ravintola
restaurant

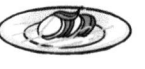

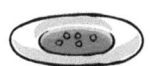

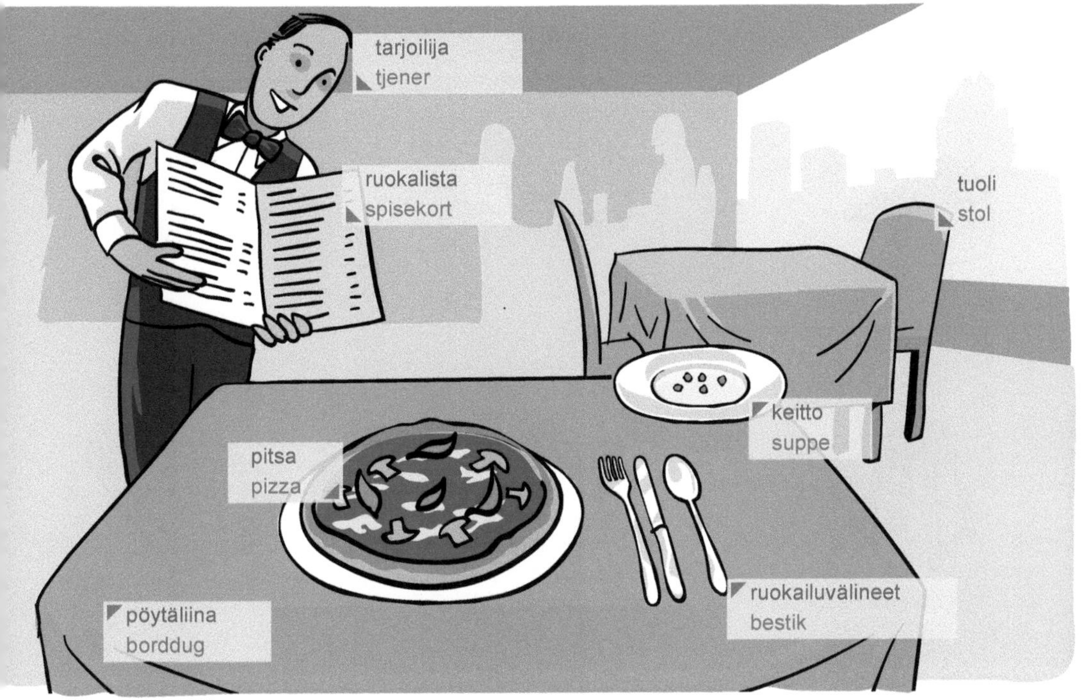
tarjoilija
tjener
ruokalista
spisekort
tuoli
stol
keitto
suppe
pitsa
pizza
pöytäliina
borddug
ruokailuvälineet
bestik

alkuruoka

forret

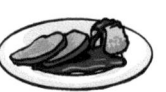

pääruoka

hovedret

jälkiruoka

dessert

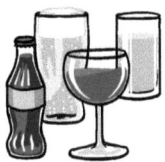

juomat

drikkevarer

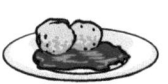

ruoka

mad

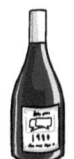

pullo

flaske

pikaruoka

fastfood

katuruoka

streetfood

teekannu

tekande

sokeriastia

sukkerdåse

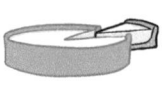

annos

portion

espressokeitin

espressomaskine

syöttötuoli

barnestol

lasku

faktura

tarjotin

tablet

veitsi

kniv

haarukka

gaffel

lusikka

ske

teelusikka

teske

servietti

serviet

lasi

glas

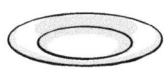

lautanen
tallerken

syvä lautanen
dyb tallerken

aluslautanen
underkop

kastike
sovs

suolasirotin
saltbøsse

pippurimylly
peberkværn

etikka
eddike

öljy
olie

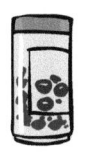

mausteet
krydderier

ketsuppi
ketchup

sinappi
sennep

majoneesi
mayonnaise

supermarketti
supermarked

tarjous
tilbud
FOR
asiakas
kunde
maitotuotteet
mælkeprodukter
hedelmät
frugt
ostoskärryt
indkøbsvogn

BUTCHERS

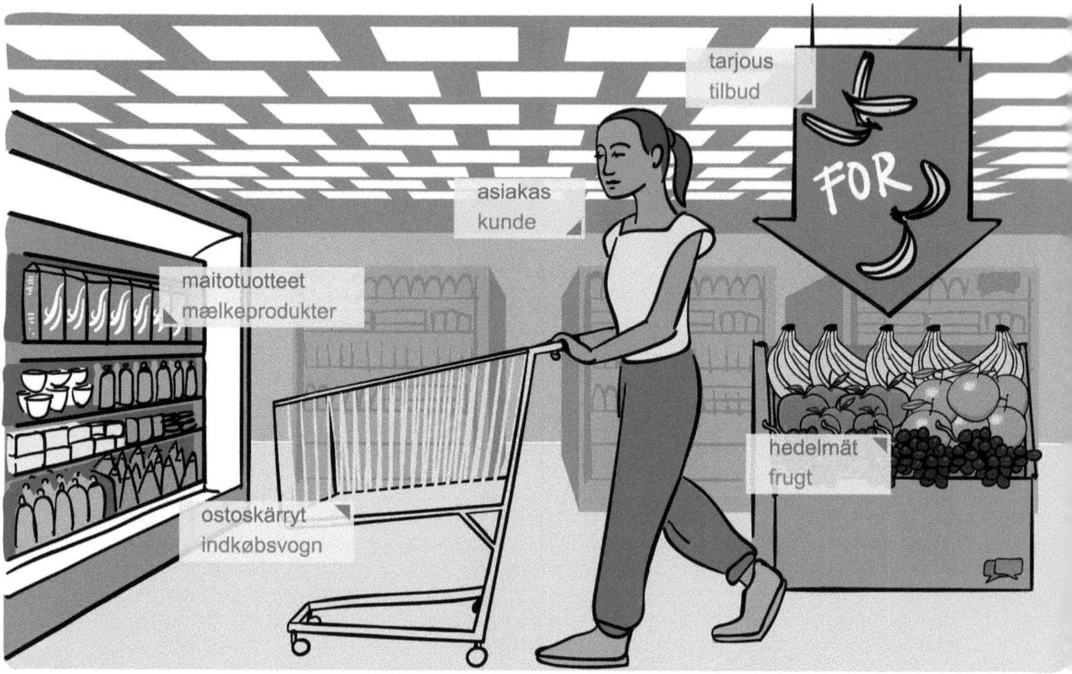

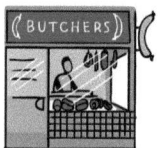

teurastamo

slagter

BAKERY

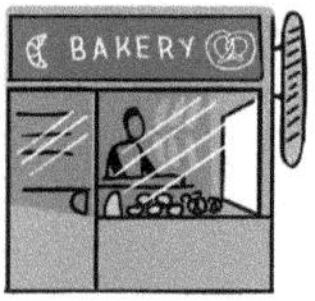

leipomo

bageri

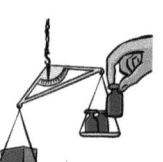

punnita

veje

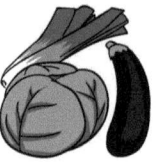

kasvikset

grøntsager

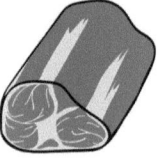

liha

kød

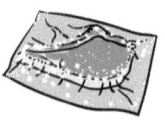

pakasteet

frostvarer

leikkele
pålæg

säilykkeet
konserves

pesujauhe
vaskemiddel

makeiset
slik

kotitaloustarvikkeet
husholdningsvarer

puhdistusaineet
rengøringsmidler

myyjä
ekspedient

kassa
kasse

kassanhoitaja
kasserer

ostoslista
indkøbsliste

aukioloajat
åbningstider

lompakko
tegnebog

luottokortti
kreditkort

kassi
taske

muovipussi
plasticpose

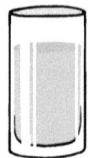

vesi

vand

mehu

saft

maito

mælk

kokis

cola

viini

vin

olut

øl

alkoholi

alkohol

kaakao

kakao

tee

te

kahvi

kaffe

espresso

espresso

cappuccino

cappuccino

banaani

banan

omena

æble

appelsiini

appelsin

meloni

melon

sitruuna

citron

porkkana

gulerod

valkosipuli

hvidløg

bambu

bambus

sipuli

løg

sieni

svamp

pähkinät

nødder

spagetti

nudler

spagetti

spaghetti

riisi

ris

salaatti

salat

ranskalaiset

pomfritter

paistetut perunat

stegte kartofler

pitsa

pizza

hampurilainen

hamburger

voileipä

sandwich

leike

schnitzel

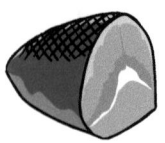

kinkku

skinke

salami

salami

makkara

pølse

kana

kylling

paisti

steg

kala

fisk

kaurahiutaleet

havregryn

mysli

mysli

murot

cornflakes

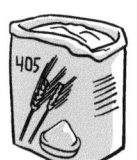

jauho

mel

voisarvi

croissant

sämpylä

rundstykke

leipä

brød

paahtoleipä

toast

keksit

kiks

voi

smør

rahka

kvark

kakku

kage

kananmuna

æg

paistettu kananmuna

spejlæg

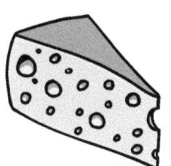

juusto

ost

ruoka - mad

jäätelö

is

sokeri

sukker

hunaja

honning

hillo

marmelade

suklaapähkinälevite

nougat-creme

curry

karry

maatila
bondegård

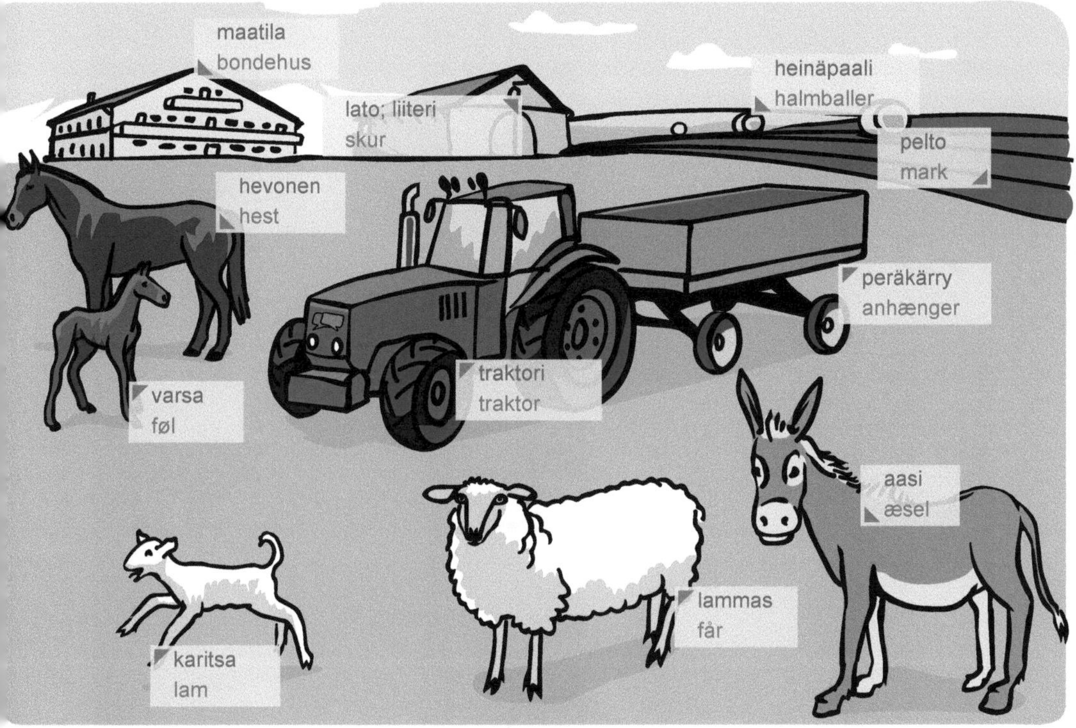
maatila
bondehus
lato; liiteri
skur
heinäpaali
halmballer
pelto
mark
hevonen
hest
peräkärry
anhænger
traktori
traktor
varsa
føl
aasi
æsel
lammas
får
karitsa
lam

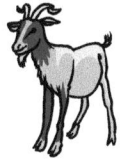

vuohi

ged

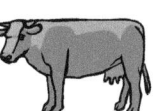

lehmä

ko

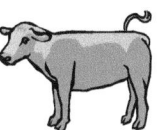

vasikka

kalv

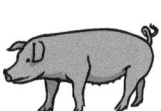

sika

svin

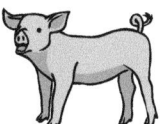

porsas

gris

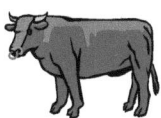

sonni

tyr

hanhi

gås

ankka

and

tipu

kylling

kana

høne

kukko

hane

rotta

rotte

kissa

kat

hiiri

mus

härkä

okse

koira

hund

koirankoppi

hundehus

puutarhaletku

haveslange

kastelukannu

vandkande

viikate

le

aura

plov

sirppi

segl

kuokka

hakkejern

talikko

møggreb

kirves

økse

kottikärryt

trillebør

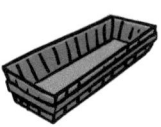

kaukalo

trug

maitokannu

mælkekande

säkki

sæk

aita

hæk

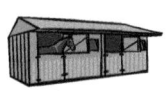

talli

stald

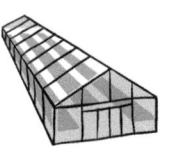

kasvihuone

drivhus

maa

jord

siemen

frø

lannoite

gødning

leikkuupuimuri

mejetærsker

kerätä sato

höste

sato

höst

jamssit

yams

vehnä

hvede

soija

soja

peruna

kartoffel

maissi

majs

rypsi

raps

hedelmäpuu

frugttræ

maniokki

maniok

vilja

korn

talo
hus

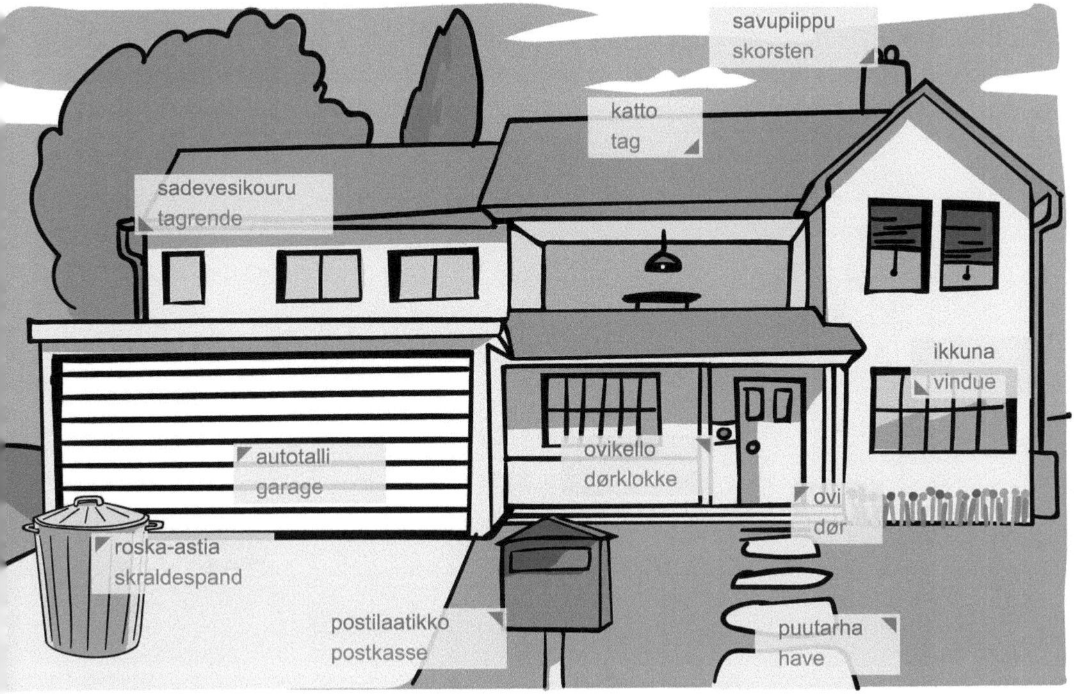
savupiippu
skorsten
katto
tag
sadevesikouru
tagrende
ikkuna
vindue
autotalli
garage
ovikello
dørklokke
ovi
dør
roska-astia
skraldespand
postilaatikko
postkasse
puutarha
have

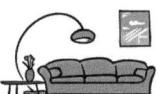

olohuone

stue

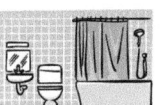

kylpyhuone

badeværelse

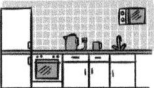

keittiö

køkken

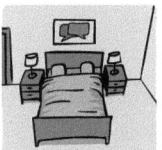

makuuhuone

soveværelse

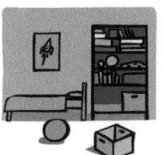

lastenhuone

børneværelse

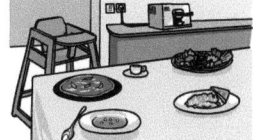

ruokahuone

spisestue

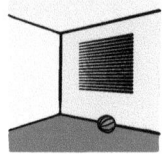

lattia
gulv

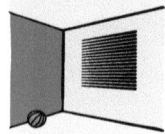

seinä
væg

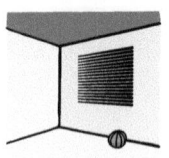

katto
loft

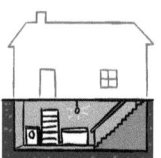

kellari
kælder

sauna
sauna

parveke
altan

terassi
terrasse

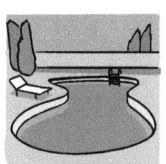

uima-allas
svømmehal

ruohonleikkuri
plæneklipper

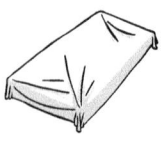

lakana
dynebetræk

päiväpeitto
dyne

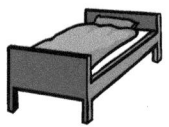

sänky
seng

harja
kost

ämpäri
spand

katkaisin
kontakt

olohuone
stue

tapetti
tapet
kuva
billede
lamppu
lampe
hylly
reol
kaappi
skab
televisio
fjernsyn
takka
pejs
kukka
blomst
tyyny
pude
sohva
sofa
maljakko
vase
kaukosäädin
fjernbetjening

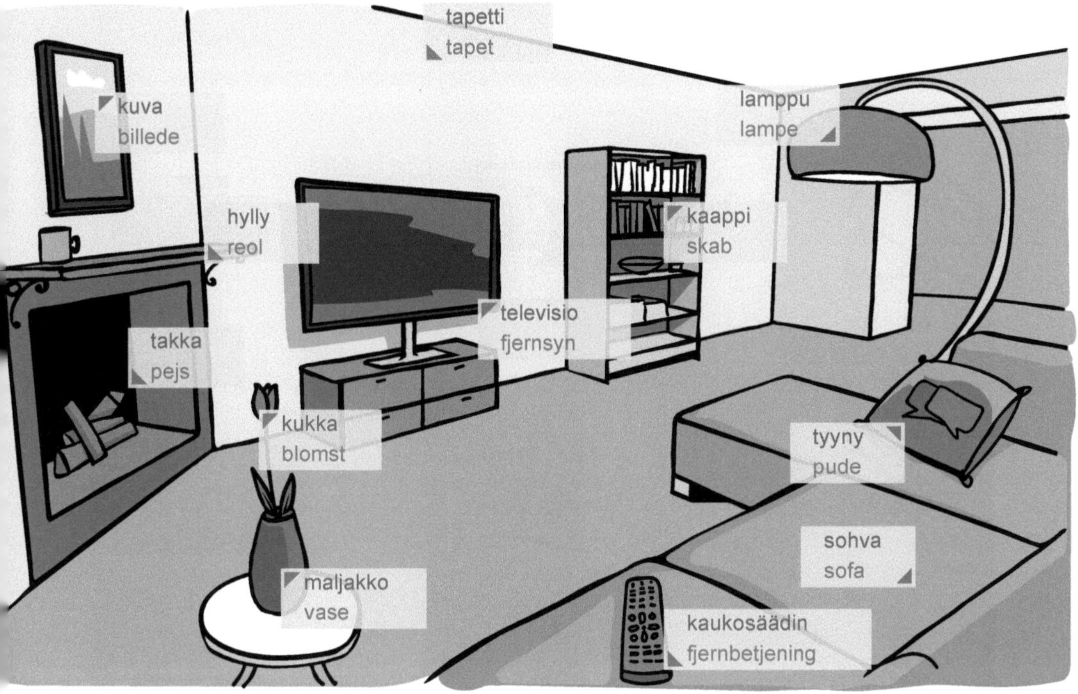

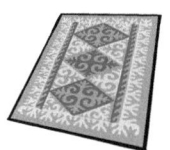

matto

gulvtæppe

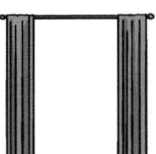

verho

gardin

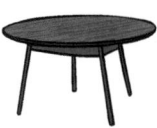

pöytä

bord

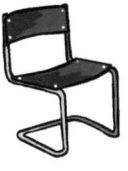

tuoli

stol

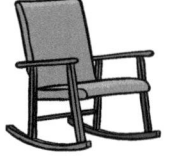

keinutuoli

gyngestol

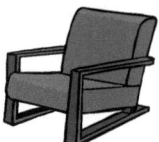

nojatuoli

lænestol

kirja

bog

peitto

tæppe

koriste

dekoration

polttopuut

brænde

elokuva

film

stereot

stereoanlæg

avain

nøgle

sanomalehti

avis

maalaus

maleri

juliste

plakat

radio

radio

muistivihko

notesblok

pölynimuri

støvsuger

kaktus

kaktus

kynttilä

lys

keittiö
køkken

jääkaappi
køleskab
mikroaaltouuni
mikrobølgeovn
keittiövaaka
køkkenvægt
leivänpaahdin
brødrister
pesuaine
rengøringsmiddel
leivinuuni
bageovn
pakastinlokero
fryserum
roska-astia
skraldespand
astianpesukone
opvaskemaskine

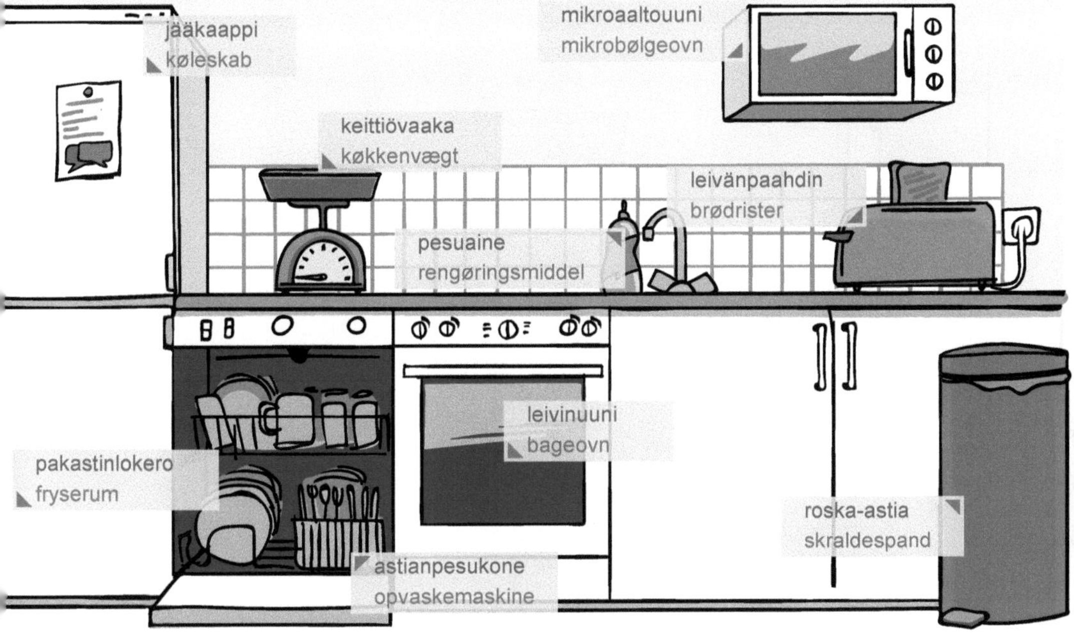

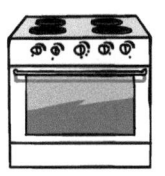

liesi

komfur

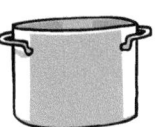

kattila

gryde

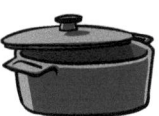

rautapata

jerngryde

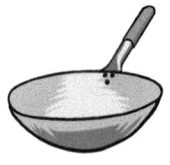

vokkipannu / kadai-pannu

wok / kadai

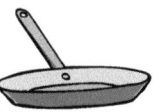

paistinpannu

pande

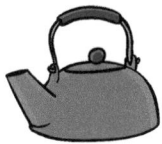

teepannu

elkedel

höyrykeitin

dampkoger

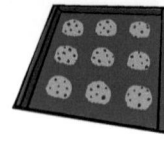

uunipelti

bageplade

astiat

service

muki

bæger

kulho

skål

syömäpuikot

spisepinde

kauha

øseske

paistinlasta

paletkniv

vispilä

piskeris

siivilä

dørslag

siivilä

si

raastin

rive

mortteli

morter

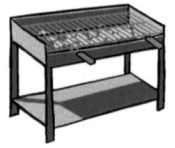

grilli

grille

avotuli

ildsted

leikkuulauta
skærebræt

kaulin
kagerulle

korkinavaaja
proptrækker

purkki
dåse

purkinavaaja
dåseåbner

pannulappu
grydelap

lavuaari
køkkenvask

tiskiharja
børste

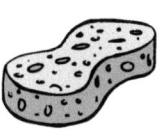

pesusieni
svamp

tehosekoitin
blender

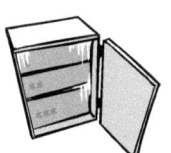

pakastin
dybfryser

tuttipullo
sutteflaske

vesihana
vandhane

kylpyhuone
badeværelse

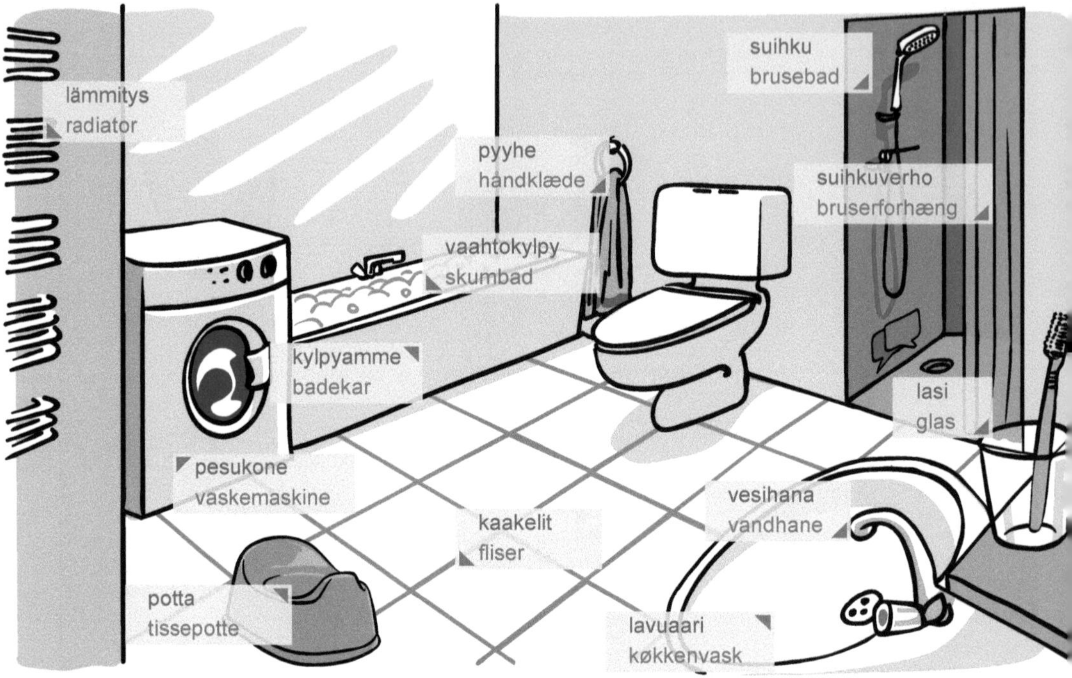
lämmitys
radiator
pyyhe
håndklæde
suihku
brusebad
suihkuverho
bruserforhæng
vaahtokylpy
skumbad
kylpyamme
badekar
lasi
glas
pesukone
vaskemaskine
vesihana
vandhane
kaakelit
fliser
potta
tissepotte
lavuaari
køkkenvask

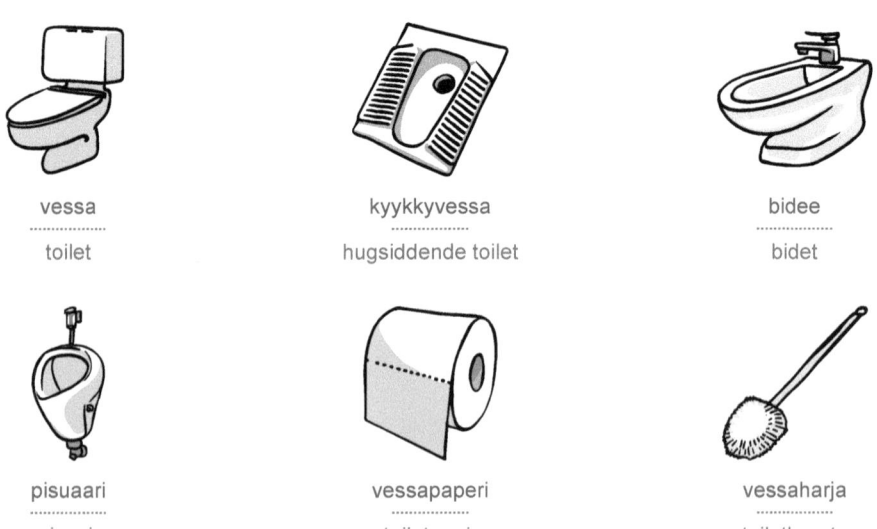

vessa

toilet

kyykkyvessa

hugsiddende toilet

bidee

bidet

pisuaari

pissoir

vessapaperi

toiletpapir

vessaharja

toiletbørste

hammasharja

tandbørste

hammastahna

tandpasta

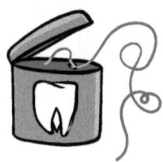

hammaslanka

tandtråd

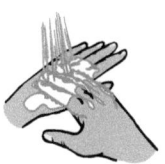

pestä

vaske

käsisuihku

håndbruser

intiimisuihku

intimbruser

pesuvati

vaskefad

selkäharja

badebørste

saippua

sæbe

suihkugeeli

brusegele

shampoo

shampoo

pesulappu

vaskeklud

viemäri

afløb

voide

creme

deodorantti

deodorant

peili

spejl

käsipeili

kosmetikspejl

partaveitsi

barberhøvl

partavaahto

barberskum

partavesi

barbervand

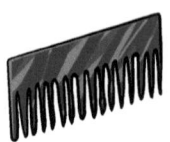

kampa

kam

harja

børste

hiustenkuivaaja

hårtørrer

hiuslakka

hårspray

meikki

makeup

huulipuna

læbestift

kynsilakka

neglelak

pumpuli

vat

kynsisakset

neglesaks

hajuvesi

parfume

kosmetiikkalaukku

toilettaske

jakkara

skammel

vaaka

vægt

kylpytakki

badekåbe

kumihansikkaat

gummihandsker

tamponi

tampon

terveysside

damebind

kemiallinen wc

kemisk toilet

lastenhuone

børneværelse

herätyskello
vækkeur
pehmolelu
bamse
leikkiauto
legetøjsbil
helistin
skralde
nukkekoti
dukkehus
lahja
gave

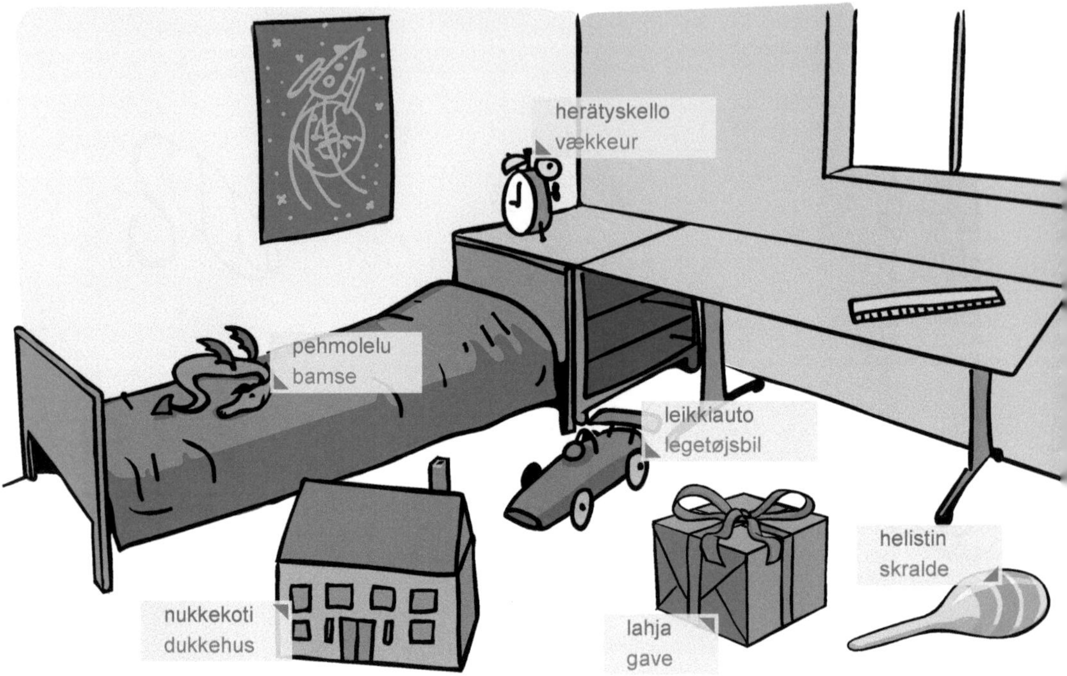

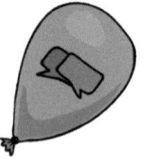

ilmapallo

ballon

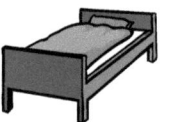

sänky

seng

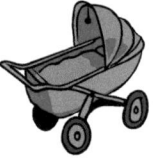

lastenvaunut

barnevogn

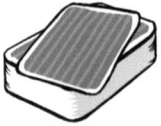

korttipeli

kortspil

palapeli

puslespil

SUPER MEGA

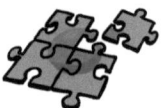

sarjakuva

tegneserie

legopalikat

legoklodser

rakennuspalikat

byggeklodser

supersankari

action figur

potkupuku

sparkedragt

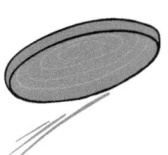

frisbee

frisbee

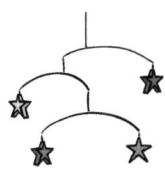

mobile

uro

lautapeli

brætspil

noppa

terning

pienoisjunarata

modeljernbane

tutti

sut

juhlat

fest

kuvakirja

billedbog

pallo

bold

nukke

dukke

leikkiä

lege

hiekkalaatikko

sandkasse

keinu

gynge

lelut

legetøj

pelikonsoli

spillekonsol

kolmipyörä

trehjulet cykel

nalle

bamse

vaatekaappi

klædeskab

vaatteet

tøj

sukat

sokker

nylonsukat

strømper

sukkahousut

strømpebukser

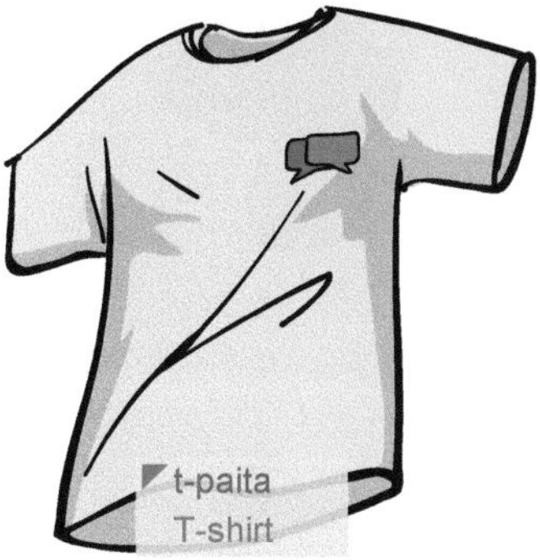

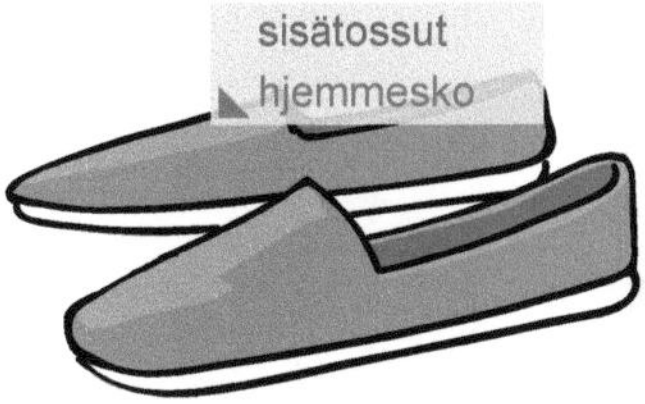

kaulaliina
sjal

vyö
bælte

sateenvarjo
paraply

t-paita
T-shirt

saappaat
støvler

sisätossut
hjemmesko

lenkkarit
sneakers

sandaalit
....
sandaler

kengät
....
sko

kumisaappaat
....
gummistøvler

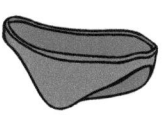

alushousut
....
underbukser

rintaliivit
....
BH

aluspaita
....
undertrøje

body
body

housut
bukser

farkut
jeans

hame
nederdel

pusero
bluse

paita
skjorte

villapaita
pullover

collegepaita
sweatshirt

jakku
blazer

takki
jakke

takki
frakke

sadetakki
regnfrakke

puku
kostume

mekko
kjole

hääpuku
brudekjole

puku

jakkesæt

yöpaita

nattrøje

pyjama

pyjamas

shari

sari

päähuivi

hovedtørklæde

turbaani

turban

burka

burka

kaftaani

kaftan

abaya

abaya

uimapuku

badedragt

uimahousut

badebukser

shortsit

korte bukser

verkkarit

træningsdragt

esiliina

forklæde

käsineet

handsker

nappi

knap

silmälasit

briller

rannekoru

armbånd

kaulakoru

kæde

sormus

ring

korvakoru

ørering

lippalakki

hue

ripustin

bøjle

hattu

hat

solmio

slips

vetoketju

lynlås

kypärä

hjelm

henkselit

seler

koulupuku

skoleuniform

univormu

uniform

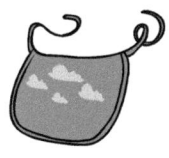

ruokalappu

hagesmæk

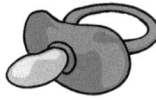

tutti

sut

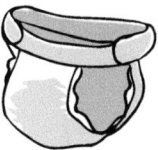

vaippa

ble

toimisto
kontor

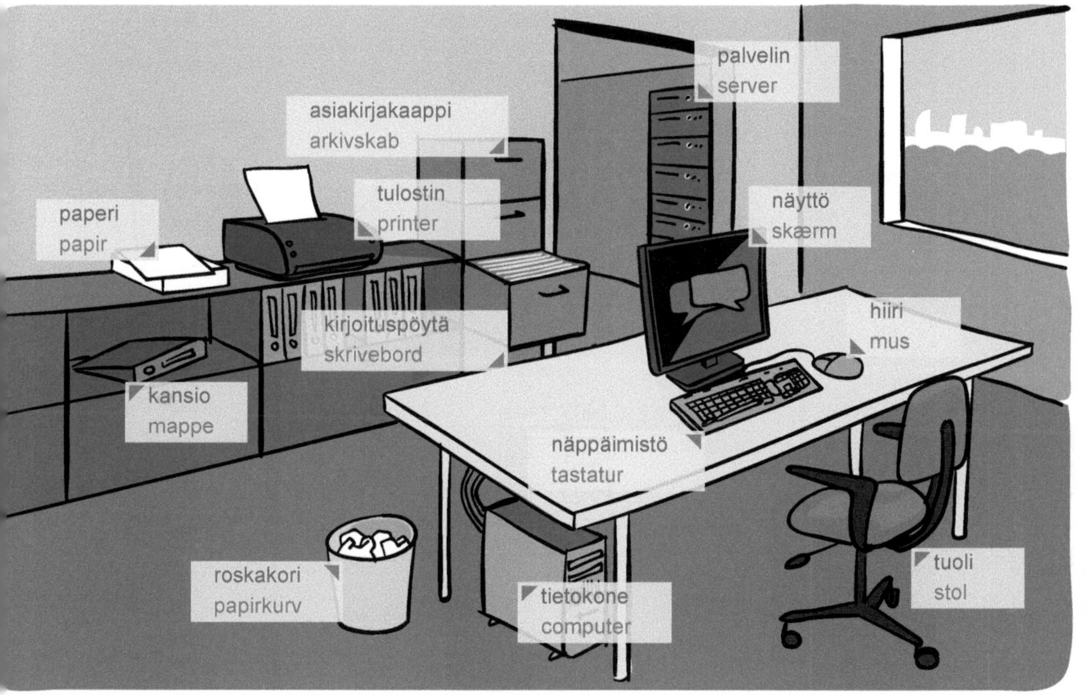

palvelin
server
asiakirjakaappi
arkivskab
tulostin
printer
paperi
papir
näyttö
skærm
hiiri
mus
kirjoituspöytä
skrivebord
kansio
mappe
näppäimistö
tastatur
roskakori
papirkurv
tietokone
computer
tuoli
stol

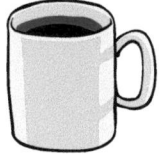

kahvimuki

kaffekrus

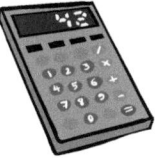

taskulaskin

lommeregner

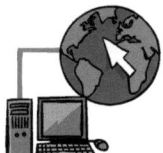

internet

internet

kannettava tietokone

bærbar

kirje

brev

viesti

besked

kännykkä

mobil

verkko

netværk

kopiokone

kopimaskine

ohjelmisto

software

puhelin

telefon

pistorasia

stikdåse

faksi

fax

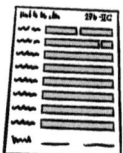

lomake

formular

asiakirja

dokument

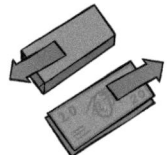

ostaa

købe

maksaa

betale

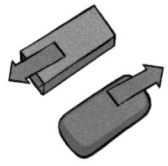

vaihtaa

handle

raha

penge

dollari

dollar

euro

euro

jeni

yen

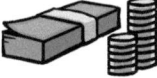

rupla

rubel

frangi

schweizerfranc

renminbi juan

renminbi yuan

rupia

rupee

pankkiautomaatti

hæveautomat

rahanvaihto
vekselkontor

kulta
guld

hopea
sølv

öljy
olie

energia
energi

hinta
pris

sopimus
kontrakt

vero
skat

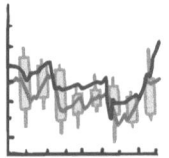

osake
aktie

työskennellä
arbejde

työntekijä
ansat

työnantaja
arbejdsgiver

tehdas
fabrik

liike
butik

talous - økonomi

ammatit
erhverv

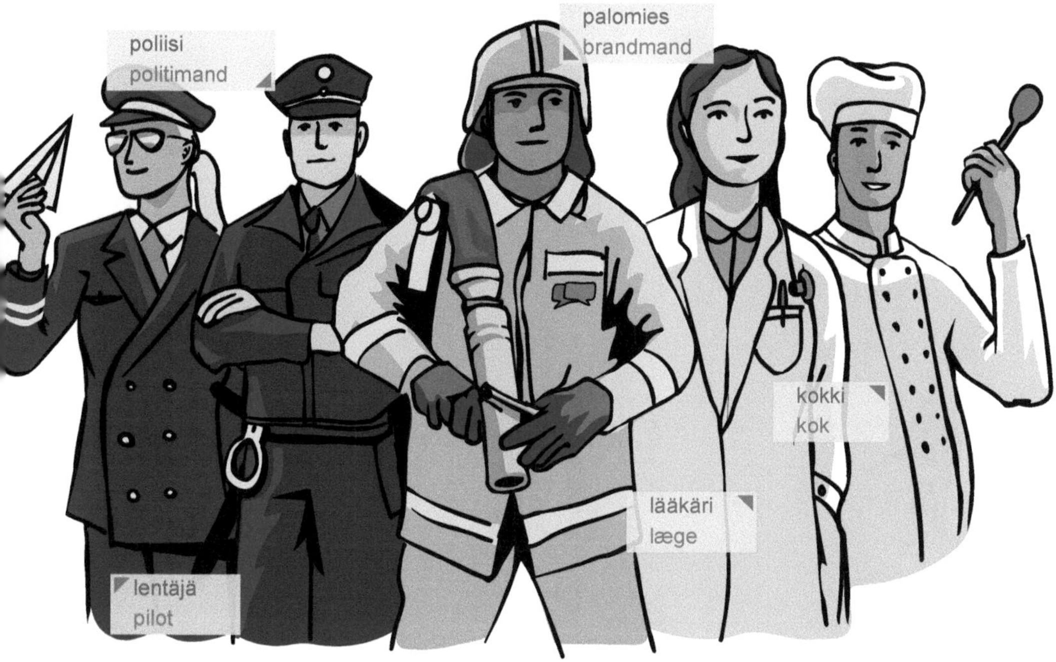
poliisi
politimand
palomies
brandmand
kokki
kok
lääkäri
læge
lentäjä
pilot

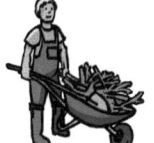

puutarhuri

gartner

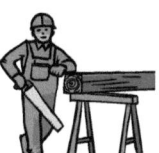

puuseppä

tømrer

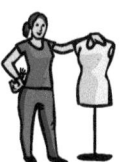

ompelija

syerske

tuomari

dommer

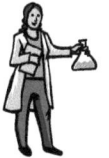

kemisti

kemiker

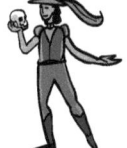

näyttelijä

skuespiller

linja-autonkuljettaja

buschauffør

taksinkuljettaja

taxachauffør

kalastaja

fisker

siivooja

rengøringskone

katontekijä

tagdækker

tarjoilija

tjener

metsästäjä

jæger

maalari

maler

leipuri

bager

sähköasentaja

elektriker

rakentaja

bygningsarbejder

insinööri

ingeniør

teurastaja

slagter

putkiasentaja

vvs-mand

postinjakaja

postbud

ammatit - erhverv

sotilas

soldat

arkkitehti

arkitekt

kassanhoitaja

kasserer

floristi

blomsterhandler

kampaaja

frisør

konduktööri

togfører

mekaanikko

mekaniker

kapteeni

kaptajn

hammaslääkäri

tandlæge

tiedemies

videnskabsmand

rabbi

rabbiner

imaami

imam

munkki

munk

pappi

præst

työkalut
værktøj

vasara
hammer
pihdit
tang
ruuvimeisseli
skruedrejer
jakoavain
skruenøgle
taskulamppu
lommelygte

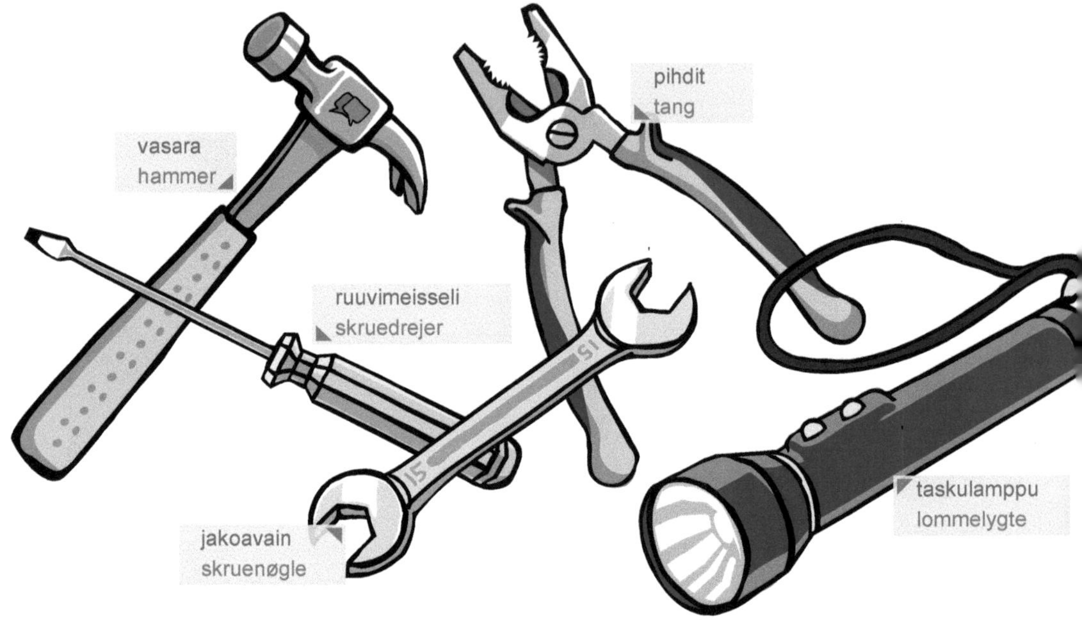

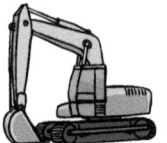

kaivinkone

gravemaskine

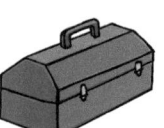

työkalupakki

værktøjskasse

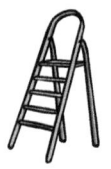

tikkaat

stige

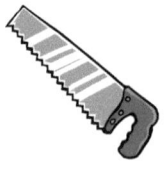

saha

sav

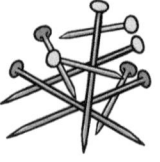

naulat

søm

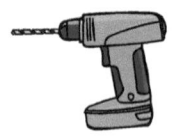

pora

bor

korjata
reparere

lapio
skovl

Hitto!
Lort!

rikkalapio
fejebakke

maalipurkki
malerspand

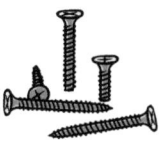

ruuvit
skruer

soittimet
musikinstrumenter

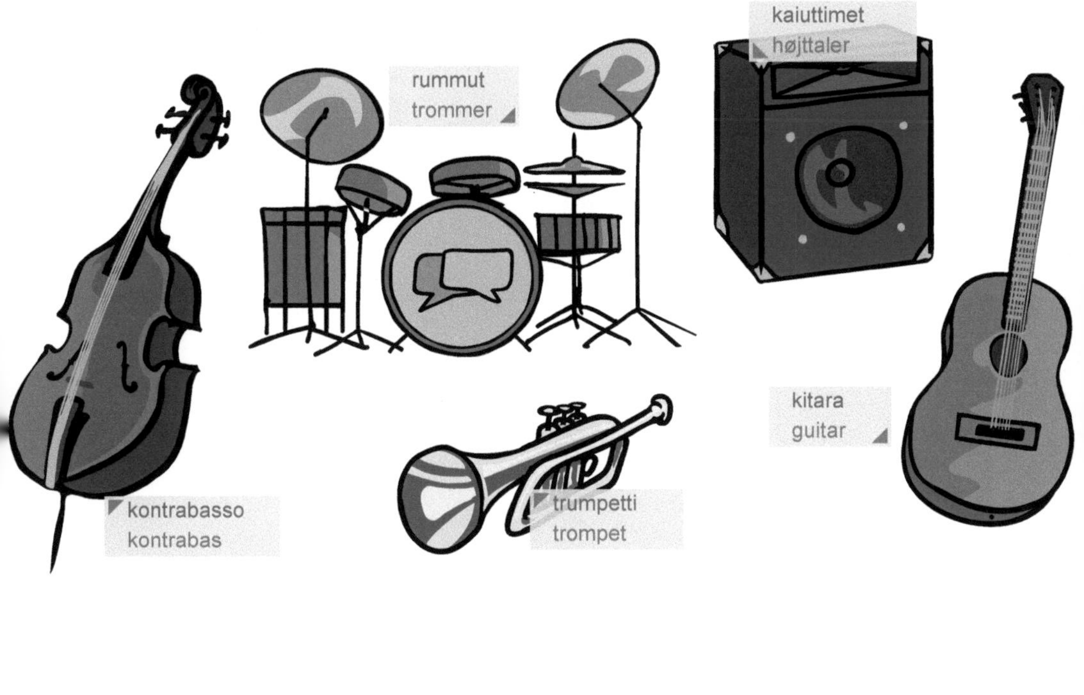

kaiuttimet
højttaler

rummut
trommer

kontrabasso
kontrabas

trumpetti
trompet

kitara
guitar

piano

klaver

viulu

violin

basso

bas

patarummut

pauke

rumpu

tromme

kosketinsoitin

keyboard

saksofoni

saxofon

huilu

fløjte

mikrofoni

mikrofon

eläintarha

zoo

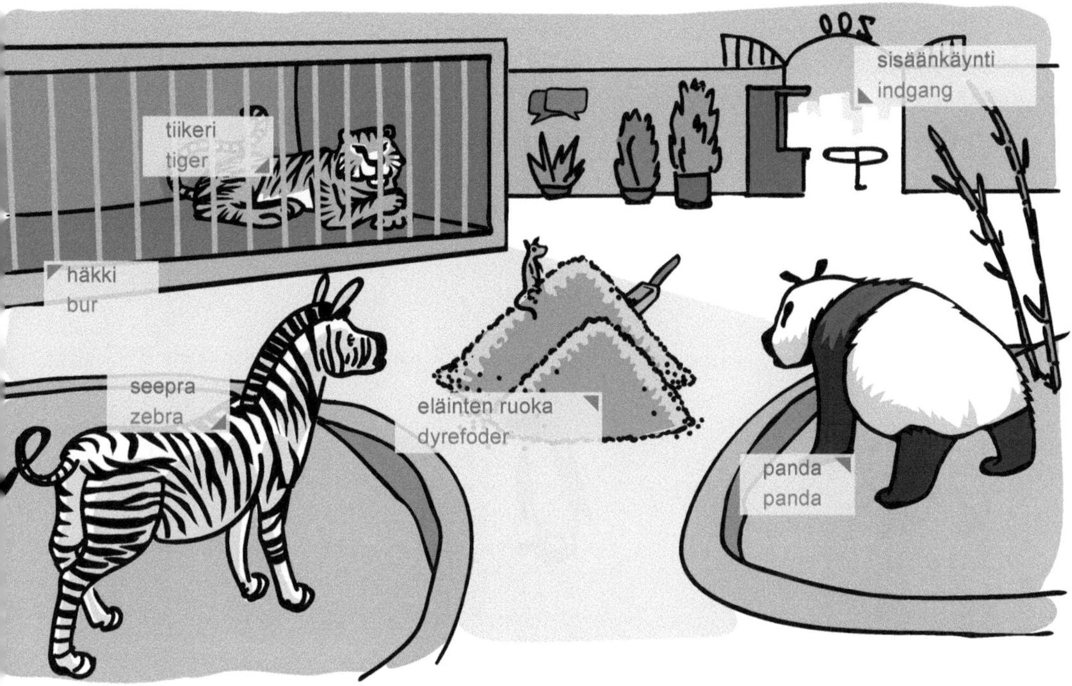

sisäänkäynti
indgang
tiikeri
tiger
häkki
bur
seepra
zebra
eläinten ruoka
dyrefoder
panda
panda

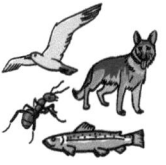

eläimet

dyr

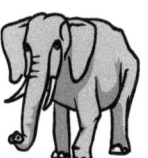

norsu

elefant

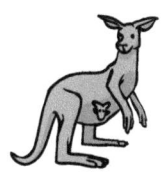

kenguru

kænguru

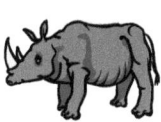

sarvikuono

næsehorn

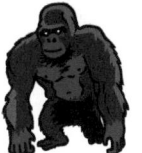

gorilla

gorilla

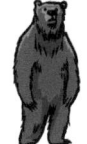

karhu

bjørn

kameli

kamel

strutsi

struds

leijona

løve

apina

abe

flamingo

flamingo

papukaija

papegøje

jääkarhu

isbjørn

pingviini

pingvin

hai

haj

riikinkukko

påfugl

käärme

slange

krokotiili

krokodille

eläintarhanhoitaja

dyrepasser

hylje

sæl

jaguaari

jaguar

poni

pony

leopardi

leopard

virtahepo

flodhest

kirahvi

giraf

kotka

ørn

villisika

vildsvin

kala

fisk

kilpikonna

skildpadde

mursu

hvalros

kettu

ræv

gaselli

gazelle

amerikkalainen jalkapallo
amerikansk football

pyöräily
cykling

tennis
tennis

koripallo
basketball

uinti
svømning

jääkiekko
ishockey

nyrkkeily
boksning

jalkapallo
fodbold

sulkapallo
badminton

yleisurheilu
atletik

käsipallo
håndbold

hiihto
skiløb

poolo
polo

aktiviteetit
aktiviteter

nauraa
grine
hypätä
springe
halata
give et knus
kävellä
gå
laulaa
synge
unelmoida
drømme
rukoilla
bede
suudella
kysse

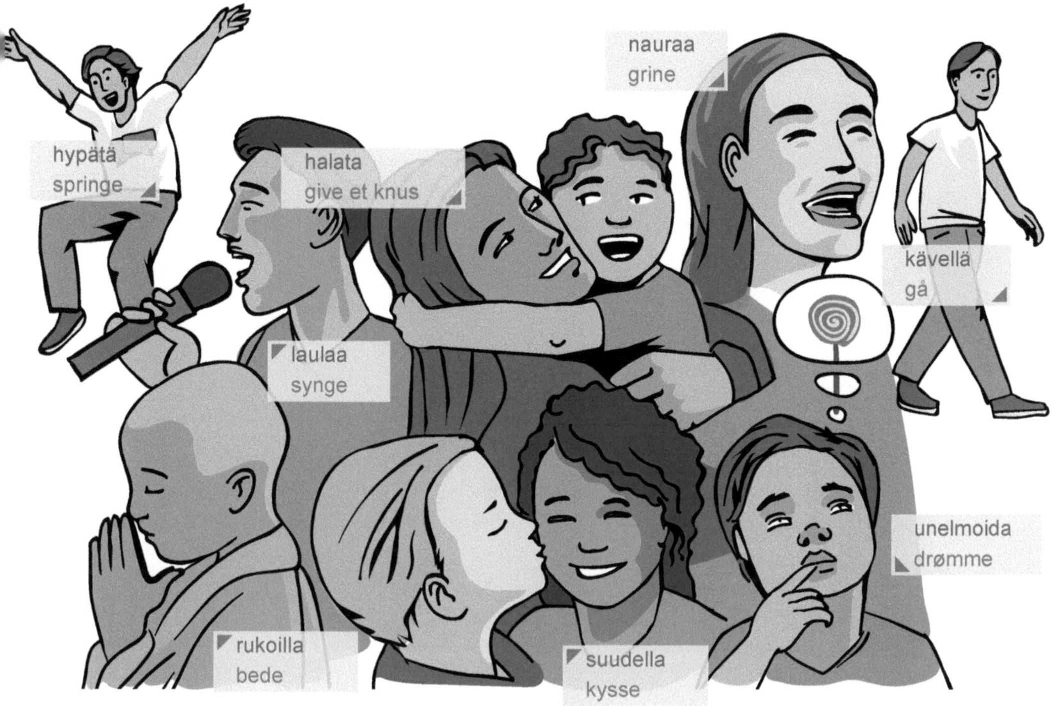

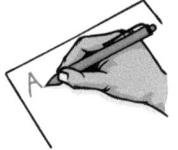

kirjoittaa

skrive

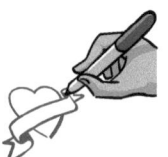

piirtää

tegne

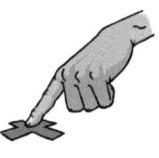

näyttää

vise

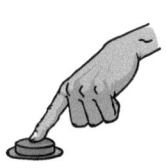

painaa

skubbe

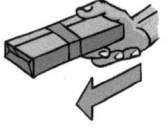

antaa

give

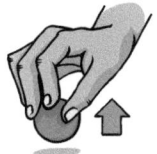

ottaa

tage

omistaa

have

tehdä

gøre

olla

være

seisoa

stå

juosta

løbe

vetää

trække

heittää

kaste

kaatua

falde

maata

ligge

odottaa

vente

kantaa

bære

istua

sidde

pukeutua

tage på

nukkua

sove

herätä

vågne

katsoa

se på

itkeä

græde

silittää

ae

kammata

kæmme

puhua

tale

ymmärtää

forstå

kysyä

spørge

kuunnella

høre

juoda

drikke

syödä

spise

siivota

rydde op

rakastaa

elske

keittää

koge

ajaa

køre

lentää

flyve

purjehtia

sejle

laskea

regne

lukea

læse

oppia

lære

työskennellä

arbejde

mennä naimisiin

gifte sig med

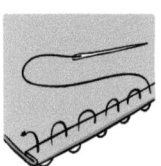

ommella

sy

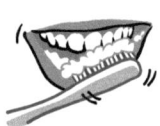

pestä hampaat

børste tænder

tappaa

dræbe

tupakoida

ryge

lähettää

sende

mummo
bedstemor

ukki
bedstefar

isä
far

äiti
mor

vauva
baby

tytär
datter

poika
søn

vieras

gæst

täti

tante

setä

onkel

veli

bror

sisko

søster

vartalo
krop

otsa
pande
silmä
øje
olkapää
skulder
sormet
finger
kasvot
ansigt
leuka
hage
käsi
hånd
jalka
ben
rinta
bryst
käsivarsi
arm

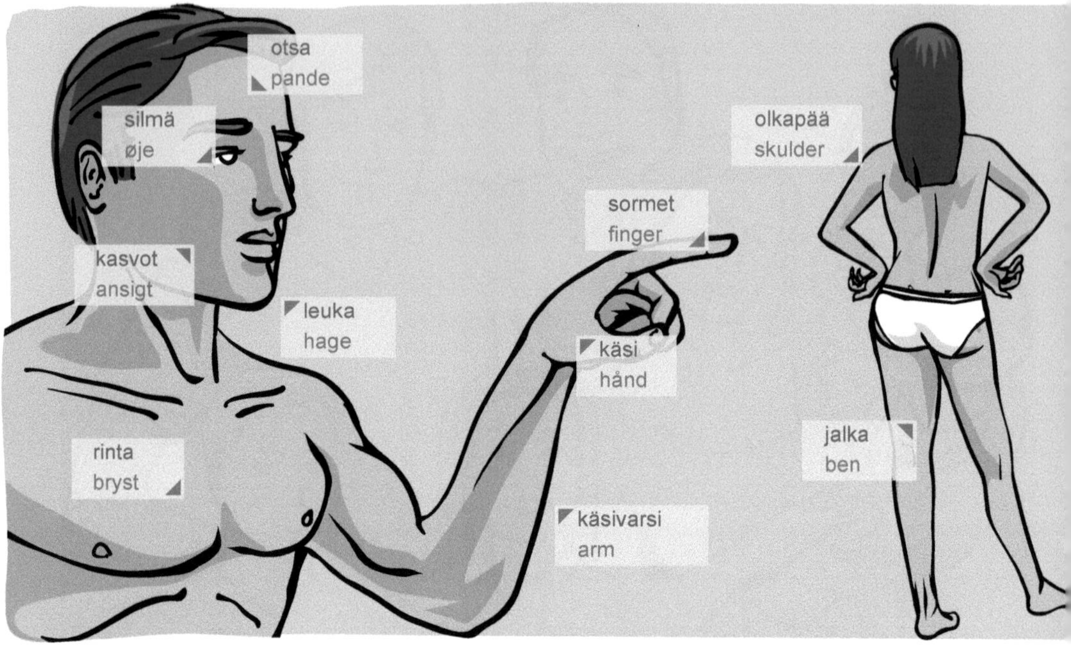

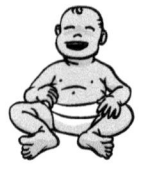

vauva
baby

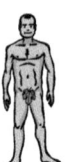

mies
mand

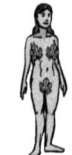

nainen
kvinde

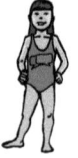

tyttö
pige

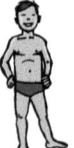

poika
dreng

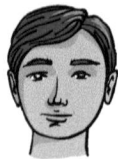

pää
hoved

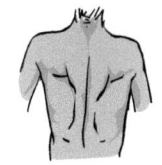

selkä

ryg

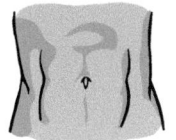

maha

mave

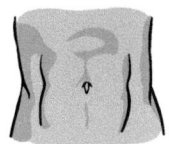

napa

navle

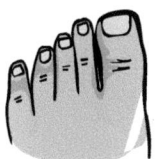

varvas

tå

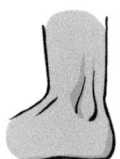

kantapää

hæl

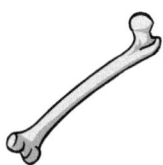

luu

knogle

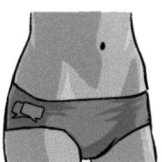

lantio

hofte

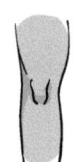

polvi

knæ

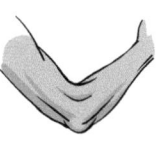

kyynärpää

albue

nenä

næse

takapuoli

bagdel

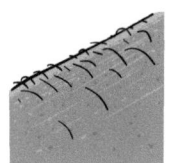

iho

hud

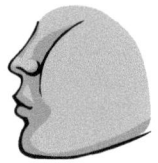

poski

kind

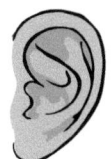

korva

øre

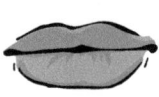

huuli

læbe

suu

mund

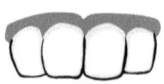

hammas

tand

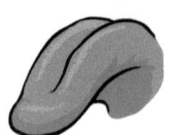

kieli

tunge

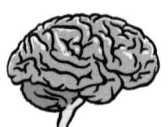

aivot

hjerne

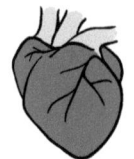

sydän

hjerte

lihas

muskel

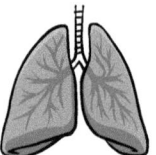

keuhkot

lunge

maksa

lever

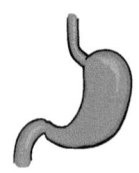

vatsa

mavesæk

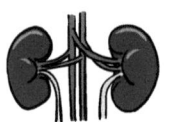

munuaiset

nyrer

seksi

sex

kondomi

kondom

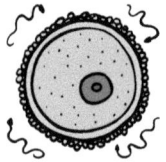

munasolu

ægcelle

sperma

sperm

raskaus

svangerskab

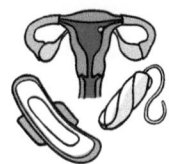

kuukautiset

menstruation

vagina

vagina

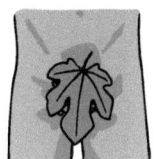

penis

penis

kulmakarvat

øjenbryn

hiukset

hår

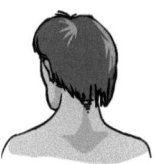

niska

hals

sairaala
sygehus

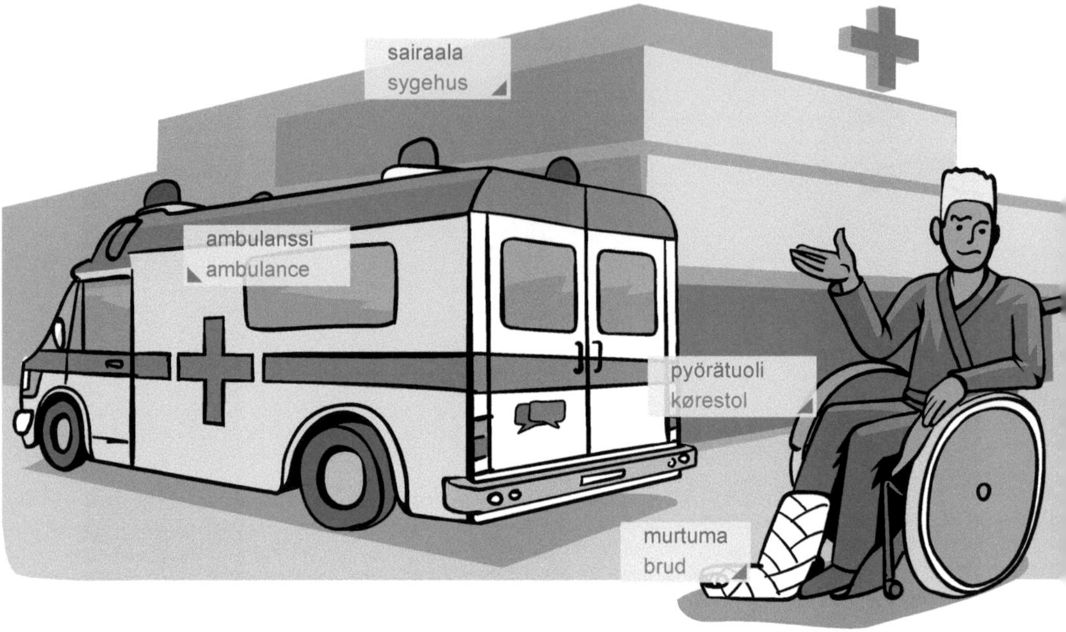

sairaala
sygehus
ambulanssi
ambulance
pyörätuoli
kørestol
murtuma
brud

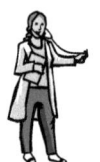

lääkäri

lægе

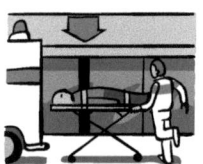

ensiapu

akutmodtagelse

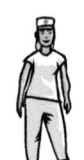

sairaanhoitaja

sygeplejerske

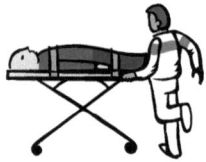

hätätilanne

nødstilfælde

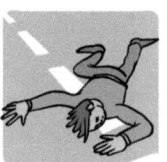

tajuton

bevidstløs

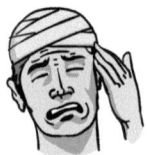

kipu

smerte

vamma
skade

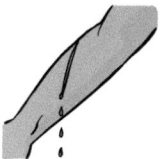

verenvuoto
blødning

sydänkohtaus
hjerteinfarkt

aivoinfarkti
slagtilfælde

allergia
allergi

yskä
hoste

kuume
feber

flunssa
influenza

ripuli
diarré

päänsärky
hovedpine

syöpä
kræft

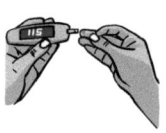

diabetes
diabetes

kirurgi
kirurg

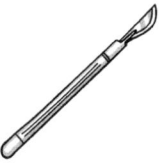

veitsi
skalpel

leikkaus
operation

ct
CT

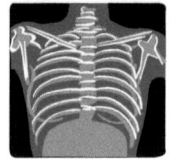

röntgen
røntgen

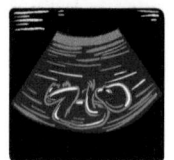

ultraääni
ultralyd

maski
maske

sairaus
sygdom

odotushuone
venteværelse

sauva
krykke

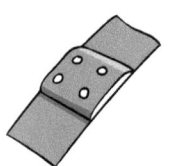

laastari
plaster

side
forbinding

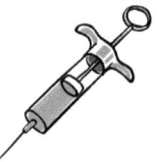

pistos
injektion

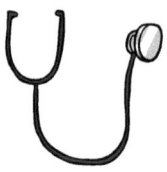

stetoskooppi
stetoskop

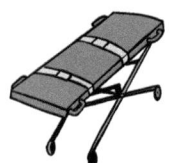

paarit
båre

kuumemittari
termometer

syntymä
fødsel

ylipaino
overvægt

kuulolaite

høreapparat

desinfiointiaine

desinficerende middel

infektio

infektion

virus

virus

HIV / AIDS

HIV / AIDS

lääke

medicin

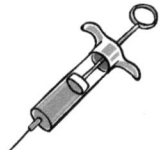

rokotus

vaccination

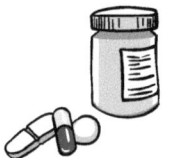

tabletit

tabletter

pilleri

pille

hätäpuhelu

nødopkald

verenpainemittari

blodtryksmåler

sairas / terve

syg / rask

Apua!

Hjælp!

hälytys

alarm

ryöstö

overfald

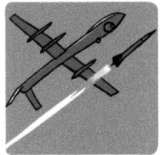

hyökkäys

angreb

vaara

fare

hätäuloskäynti

nødudgang

Tulipalo!

Det brænder!

palosammutin

ildslukker

onnettomuus

uheld

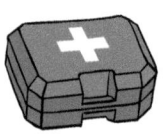

ensiapulaukku

førstehjælps-kuffert

SOS

SOS

poliisilaitos

politi

Eurooppa

Europa

Pohjois-Amerikka

Nordamerika

Etelä-Amerikka

Sydamerika

Afrikka

Afrika

Aasia

Asien

Australia

Australien

Atlantin valtameri

Atlanterhavet

Tyynimeri

Stillehavet

Intian valtameri

Indiske Ocean

Eteläinen jäämeri

Sydlige Ishav

Pohjoinen jäämeri

Ishav

pohjoisnapa

Nordpol

etelänapa

Sydpol

Antarktis

Antarktis

maa

Jorden

maa

land

meri

hav

saari

ø

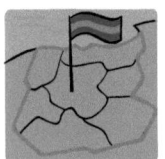

kansa

nation

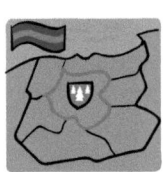

osavaltio

stat

kellotaulu

urskive

tuntiviisari

timeviser

minuuttiviisari

minutviser

sekuntiviisari

sekundviser

Paljonko kello on?

Hvad er klokken?

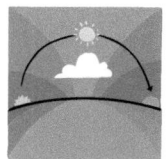

päivä

dag

aika

tid

nyt

nu

digitaalikello

digitalur

minuutti

minut

tunti

time

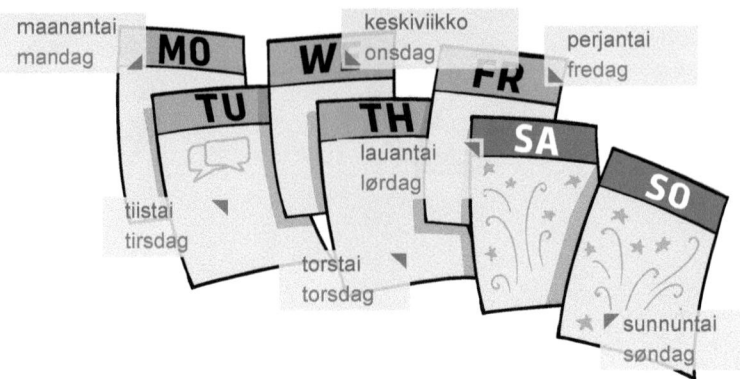

maanantai
mandag — MO

keskiviikko
onsdag — W

perjantai
fredag — FR

TU

TH

tiistai
tirsdag

lauantai
lørdag — SA

torstai
torsdag

SO

sunnuntai
søndag

eilen
i går

tänään
i dag

huomenna
i morgen

aamu
morgen

keskipäivä
middag

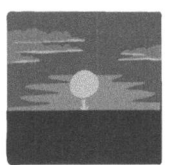

ilta
aften

MO	TU	WE	TH	FR	SA	SU
1	2	3	4	5	6	7
8	9	10	11	12	13	14
15	16	17	18	19	20	21
22	23	24	25	26	27	28
29	30	31	1	2	3	4

työpäivät
arbejdsdage

MO	TU	WE	TH	FR	SA	SU
1	2	3	4	5	6	7
8	9	10	11	12	13	14
15	16	17	18	19	20	21
22	23	24	25	26	27	28
29	30	31	1	2	3	4

viikonloppu
weekend

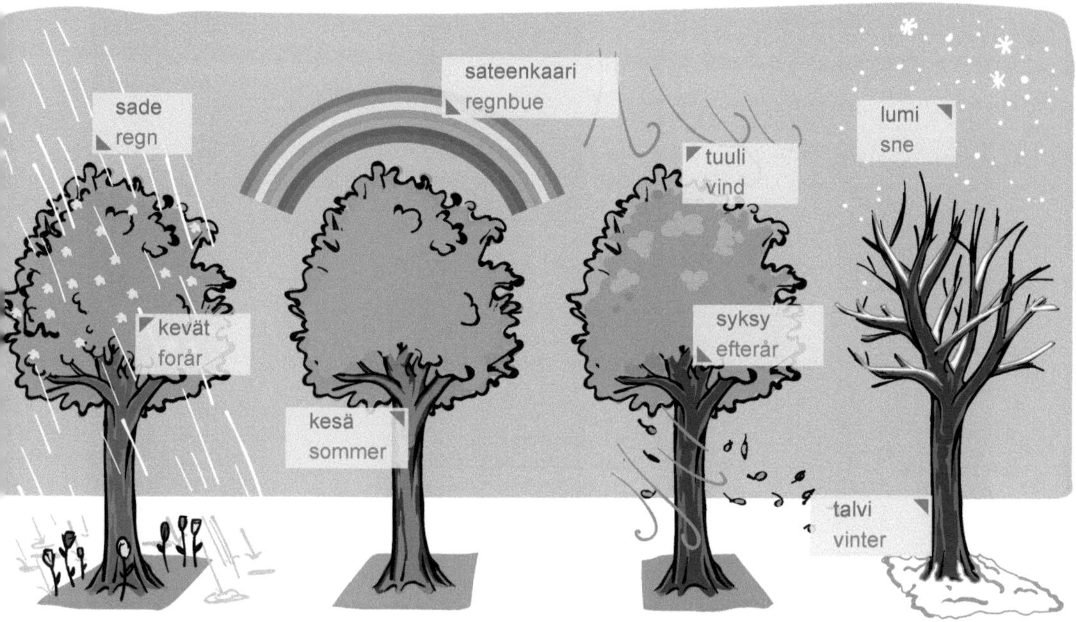

sateenkaari
regnbue
sade
regn
lumi
sne
tuuli
vind
kevät
forår
syksy
efterår
kesä
sommer
talvi
vinter

4.APRIL 11°
5.APRIL 4°
6.APRIL 13°
7.APRIL 8°
8.APRIL 10°

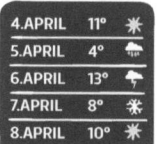

sääennuste

vejrudsigt

F
C
120
90
60
30
0
-30
40
30
20
10
0
-10
-20

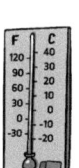

lämpömittari

termometer

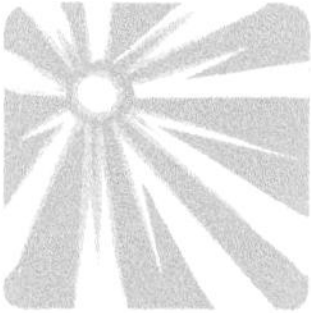

auringonpaiste

solskin

pilvi

sky

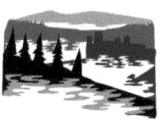

sumu

tåge

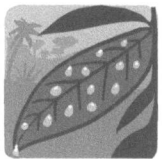

ilmankosteus

luftfugtighed

salama

lyn

ukkonen

torden

myrsky

storm

rae

hagl

monsuuni

monsun

tulva

flod

jää

is

tammikuu

januar

helmikuu

februar

maaliskuu

marts

huhtikuu

april

toukokuu

maj

kesäkuu

juni

heinäkuu

juli

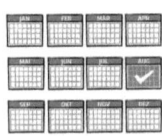

elokuu

august

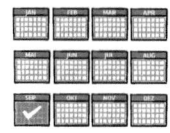

syyskuu

september

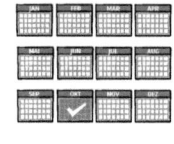

lokakuu

oktober

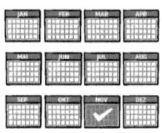

marraskuu

november

joulukuu

december

muodot
former

ympyrä

cirkel

neliö

kvadrat

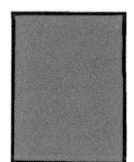

suorakulmio

firkant

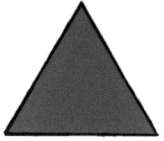

kolmio

trekant

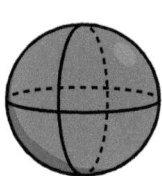

pallo

kugle

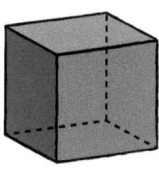

kuutio

terning

valkoinen

hvid

keltainen

gul

oranssi

orange

vaaleanpunainen

pink

punainen

rød

violetti

lilla

sininen

blå

vihreä

grøn

ruskea

brun

harmaa

grå

musta

sort

paljon / vähän

meget / lidt

vihainen / ystävällinen

rasende / fredelig

kaunis / ruma

smuk / grim

alku / loppu

begyndelse / slut

suuri / pieni

stor / lille

vaalea / tumma

lys / mørk

veli / sisko

bror / søster

puhdas / likainen

ren / snavset

täydellinen / epätäydellinen

fuldkommen / ufuldkommen

päivä / yö

dag / nat

kuollut / elävä

død / levende

leveä / kapea

bred / smal

syötävä / syömäkelvoton

spiselig / uspiselig

paha / kiltti

vred / venlig

innostunut / tylsistynyt

ophidset / kedet

lihava / laiha

tyk / tynd

ensimmäinen / viimeinen

først / sidst

ystävä / vihollinen

ven / fjende

täysi / tyhjä

fuld / tom

kova / pehmeä

hård / blød

painava / kevyt

tung / let

nälkä / jano

sult / tørst

sairas / terve

syg / rask

laiton / laillinen

illegal / legal

älykäs / tyhmä

intelligent / dum

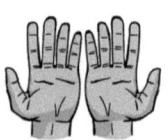

vasen / oikea

venstre / højre

lähellä / kaukana

nær / fjern

uusi / käytetty
ny / brugt

ei mitään / jotain
intet / noget

vanha / nuori
gammel / ung

päällä / pois päältä
tændt / slukket

auki / kiinni
åben / lukket

hiljainen / äänekäs
stille / højt

rikas / köyhä
rig / fattig

oikein / väärin
rigtig / forkert

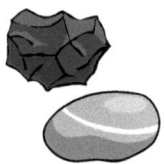

karhea / sileä
ru / glat

surullinen / iloinen
ked af det / lykkelig

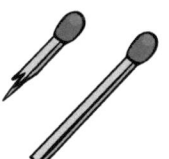

lyhyt / pitkä
kort / lang

hidas / nopea
langsom / hurtig

märkä / kuiva
våd / tør

lämmin / viileä
varm / kold

sota / rauha
krig / fred

0	**1**	**2**
nolla	yksi	kaksi
nul	en	to

3	**4**	**5**
kolme	neljä	viisi
tre	fire	fem

6	**7**	**8**
kuusi	seitsemän	kahdeksan
seks	syv	otte

9	**10**	**11**
yhdeksän	kymmenen	yksitoista
ni	ti	elleve

12	**13**	**14**
kaksitoista	kolmetoista	neljätoista
tolv	tretten	fjorten

15	**16**	**17**
viisitoista	kuusitoista	seitsemäntoista
femten	seksten	sytten

18	**19**	**20**
kahdeksantoista	yhdeksäntoista	kaksikymmentä
atten	nitten	tyve

100	**1.000**	**1.000.000**
sata	tuhat	miljoona
hundrede	tusinde	million

englanti

engelsk

amerikanenglanti

amerikansk engelsk

mandariinikiina

kinesisk mandarin

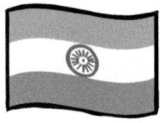

hindi

hindi

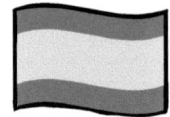

espanja

spansk

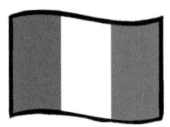

ranska

fransk

arabia

arabisk

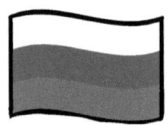

venäjä

russisk

portugali

portugisisk

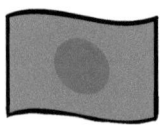

bengali

bengalsk

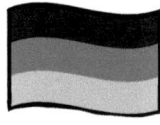

saksa

tysk

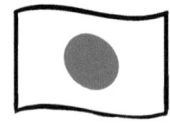

japani

japansk

minä

jeg

sinä

du

hän

han / hun / den / det

me

vi

te

I

he

de

kuka?

hvem?

mitä / mikä?

hvad?

miten?

hvordan?

missä?

hvor?

milloin?

hvornår?

nimi

navn

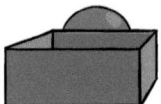

takana

bag

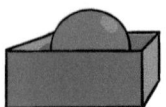

sisällä

i

edessä

foran

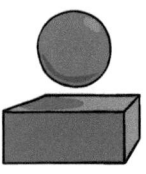

yläpuolella

over

päällä

på

alapuolella

under

vieressä

ved siden af

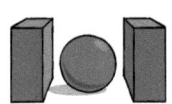

välissä

imellem

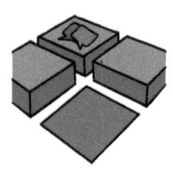

paikka

sted